CONTEÚDO

O QUE SÃO DINOSSAUROS? 2-3

CAÇADORES DE TERÓPODES 4-5

DEFESAS DOS DINOSSAUROS 6-7

VERDADEIROS GIGANTES 8-9

RÉPTEIS VOADORES 10-11

MONSTROS MARINHOS 12-13

BEBÊS DINOSSAUROS 14-15

O FIM DOS DINOSSAUROS 16-17

FÓSSEIS 18-19

DINOSSAUROS HOJE 20-21

ÍNDICE 22

O QUE SÃO DINOSSAUROS?

Os dinossauros vagaram pela Terra por mais de 170 milhões de anos. Embora a palavra dinossauro signifique "lagarto terrível" em grego, eles não eram realmente lagartos, mas uma família separada de répteis, como as cobras. Com base na forma de seus quadris, existem dois tipos principais de dinossauros: Saurísquios (quadril de lagarto) e Ornitísquios (quadril de pássaro).

ERA MESOZOICA / HOJE

Muitas plantas pré-históricas ainda crescem nos dias de hoje, de pinheiros Wollemi e samambaias à belas plantas com flores, como magnólias e pimenta da Jamaica.

Os carnívoros (comedores de carne) tinham dentes afiados e pontiagudos para rasgar as presas, enquanto os herbívoros (comedores de plantas) utilizavam seus dentes semelhantes a ancinhos para arrancar as folhas dos galhos das árvores.

Os menores dinossauros não eram maiores do que o gato ou pássaro doméstico de hoje, mas o dinossauro médio era aproximadamente do tamanho de um carro.

O MUNDOS DOS DINOSSAUROS

Os dinossauros viveram entre 245 e 66 milhões de anos atrás. A Era Mesozoica, que inclui a "Era dos Dinossauros", pode ser dividida em três períodos distintos: Triássico, Jurássico e Cretáceo. Massas de terra se separaram durante esse período, o que levou a diferentes dinossauros evoluindo separadamente em todo o planeta.

PRÉ-HISTÓRICA / HOJE

PERÍODO TRIÁSSICO 252-201 MILHÕES DE ANOS ATRÁS

Os primeiros dinossauros vagaram por um supercontinente chamado Pangeia. Havia florestas e oásis, mas a paisagem triássica era geralmente seca. Os dinossauros triássicos incluíam o herbívoro de quatro toneladas Plateossauro e o carnívoro Marasuchus, do tamanho de um gato.

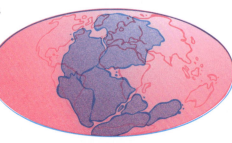

- Os saurópodes eram os dinossauros mais altos, atingindo até 18 m – a mesma altura de um prédio de seis andares!

- Répteis voadores chamados pterossauros podem ter tido penas de cores vivas. Os dinossauros carnívoros, conhecidos como terópodes, também tinham penas para mantê-los aquecidos.

- Todos os dinossauros botavam ovos. Os primeiros ovos tinham casca mole, mas, à medida que os dinossauros evoluíram, seus ovos se tornaram duros, oferecendo proteção extra para o embrião que crescia no interior dele.

- Ao contrário das pernas angulosas de outros répteis como crocodilos ou lagartos, as pernas dos dinossauros eram retas e eretas.

PERÍODO JURÁSSICO 201-145 MILHÕES DE ANOS ATRÁS

A Pangeia separou-se em duas regiões: Laurásia e Gondwana. Mais florestas tropicais e terras alagadas começaram a aparecer. O escamoso Scelidosaurus e o predador Kileskus (o membro mais antigo da família dos tiranossauros) viveram nessa época.

PERÍODO CRETÁCEO 145-66 MILHÕES DE ANOS ATRÁS

Os continentes da Terra continuaram a mudar, proporcionando as condições perfeitas em algumas regiões para plantas com flores e florestas exuberantes. Novos dinossauros apareceram, incluindo o Argentinossauro de 60 toneladas, o Tricerátopo com chifres e o temível T. Rex.

REI CARNÍVORO

O imponente T. Rex existiu no final do Período Cretáceo e viveu onde hoje são os EUA. Ele utilizava suas mandíbulas potentes, dentes afiados e cérebro enorme para enganar e destruir qualquer coisa em seu caminho.

OSSOS / PELE

Este enorme caçador tinha um olfato muito aguçado e uma visão excepcional, perfeita para localizar presas à distância.

CAÇADORES DE TERÓPODES

O grupo mais diversificado de dinossauros com quadris de lagarto é conhecido como terópodes. Do Microraptor, do tamanho de uma galinha, ao terrível T. Rex, todos os terópodes eram carnívoros, caminhavam sobre duas patas traseiras e utilizavam as patas dianteiras e as mãos para agarrar a carne e separá-la.

Assim que os dentes da frente agarravam a presa, os dentes laterais afiados cortavam sua carne. Os dentes traseiros duros podiam esmagar os ossos.

CAÇADORES EM BANDO

A maioria dos paleontólogos (especialistas em dinossauros) concorda que pequenos terópodes caçavam em bandos, como leões ou lobos hoje. Este comportamento cooperativo permitia que eles se unissem e derrubassem presas maiores que eles. Alguns cientistas acreditam que os terópodes maiores também podem ter caçado juntos dessa maneira.

Abanando sua cauda robusta, o T. Rex impedia-se de cair e mantinha um equilíbrio excelente enquanto perseguia sua presa.

Esse predador comia qualquer coisa que se movesse – até mesmo sua própria espécie – triturando a carne da presa e engolindo pedaços dela antes da digestão.

EMBOSCADA DO ESPINOSSAURO

Maior que o poderoso T. Rex, o Espinossauro é o único dinossauro conhecido que vivia tanto em terra quanto na água. Nas margens turvas dos rios da África atual, este terópode do Período Cretáceo perseguia peixes silenciosamente antes de utilizar seus dentes de crocodiliano para agarrar e comer suas presas.

Cada batida de pé do T. Rex enviava estrondos pelo chão. Isso confundia sua presa, que não conseguia descobrir o quão perto ele estava, ou seja, isso era perfeito para ataques furtivos!

T. Rex
12 m de comprimento
3,6 m de altura

Humano
1,80 m de altura

Velociraptor
2 m de comprimento e
0.5 m de altura

Espinossauro
18 m de comprimento
6 m de altura

Alossauro
11,5 m de comprimento
5 m de altura

CARNÍVORO MILENAR

Antes dos terópodes, répteis ferozes como o Postosuchus – um primo próximo dos crocodilos – percorria a paisagem da atual América do Norte.

GRANDE, MAIOR, O MAIOR

Os seres humanos teriam sido ofuscados por muitos predadores pré-históricos. O feroz Alossauro vagou 145 milhões de anos atrás, mas 76 milhões de anos depois o T. Rex dominou a paisagem. O maior terópode de todos os tempos, o Espinossauro, evoluiu 99 milhões de anos atrás, então 20 milhões de anos depois veio o pequeno, mas cruel, Velociraptor.

5

DEFESAS DOS DINOSSAUROS

O mundo dos dinossauros incluía alguns dos predadores mais poderosos já conhecidos, como o T. Rex e o Alossauro. Animais herbívoros que viviam ao lado deles tiveram que desenvolver ferramentas igualmente poderosas para se defender.

Os ossos dentro da cauda de um Euoplocéfalo formavam uma clava pesada que podia infligir golpes atordoantes nos atacantes.

BLINDAGEM

Os Anquilossauros eram um grupo de dinossauros com blindagem em todo o corpo, tornando-os um inimigo formidável para qualquer predador. Até suas pálpebras tinham escamas blindadas! Algumas espécies, como o Euoplocéfalo e o Anquilossauro, também eram equipadas com clavas ósseas em suas caudas que podiam utilizar para atacar os atacantes.

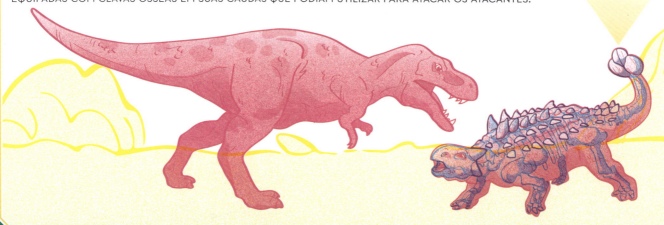

ESTEGOSSAUROS ESPINHOSOS

Fósseis de Estegossauro foram encontrados com espinhos de até 90 cm de comprimento. Isso é tão longo quanto a perna inteira de um ser humano adulto!

Alguns fósseis de Alossauros têm buracos perfurados nos ossos da perna. Os cientistas acreditam que isso pode ser uma evidência de golpes terríveis dos espinhos de um Estegossauro.

O Estegossauro e seus parentes tinham longos espinhos nas pontas de suas caudas, que podiam utilizar para atacar os corpos de predadores.

CHIFRES E FOLHOS

O Tricerátopo pertencia a um grupo de dinossauros chamados Ceratopsianos. Muitos animais desse grupo tinham chifres na cabeça e no focinho, que utilizavam para lutar contra os atacantes. O folho de osso atrás de suas cabeças protegia seus pescoços de ataques de mordidas.

Os folhos do pescoço da maioria dos Ceratopsianos eram sustentados por uma estrutura óssea pesada, tornando-os fortes o suficiente para resistir às poderosas mandíbulas de predadores gigantes.

OSSOS DUROS

CRÂNIO / CÉREBRO

O crânio grosso de um Paquicefalossauro protegia um cérebro que tinha apenas o tamanho de uma noz.

O Paquicefalossauro e seus parentes tinham uma placa óssea de até 20 cm de espessura no topo de seus crânios. Eles podem ter utilizado suas cabeçadas potentes para resolver discussões dentro de um rebanho, bem como para afastar predadores.

Verdadeiros GIGANTES

Os maiores dinossauros são conhecidos como saurópodes. Do Braquiossauro ao Diplodoco, todos eles são identificados por seus corpos maciços e cabeças relativamente pequenas, junto com seus pescoços curvos e caudas longas. Vagando pelo planeta por cerca de 140 milhões de anos, esses gigantes com quadris de lagarto comiam apenas plantas.

Apatossauro

Com até 21 m de comprimento, o gigante Apatossauro do Período Jurássico viveu onde é hoje os EUA. Às vezes ele também é chamado de Brontossauro.

Em vez de moer o material vegetal, esse gigante o engolia inteiro. Pedras estomacais chamadas gastrólitos ajudavam a quebrar e digerir o alimento.

Como um elefante, o Apatossauro tinha placas amortecedoras na planta dos pés para apoio. Suas pegadas teriam até 1 m de largura.

Grande, maior, o maior

Hoje em dia, a girafa e o elefante-africano superam todas as outras espécies animais. No entanto, eles teriam sido ofuscados por alguns dos gigantes que uma vez vagaram pela Terra. Mesmo um dos menores saurópodes, o Saltassauro (uma criatura do final do Período Cretáceo que viveu na atual Argentina) eclipsaria tudo o que existe hoje.

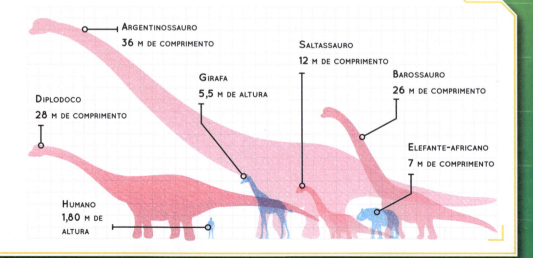

Argentinossauro
36 m de comprimento

Saltassauro
12 m de comprimento

Girafa
5,5 m de altura

Barossauro
26 m de comprimento

Diplodoco
28 m de comprimento

Elefante-africano
7 m de comprimento

Humano
1,80 m de altura

8

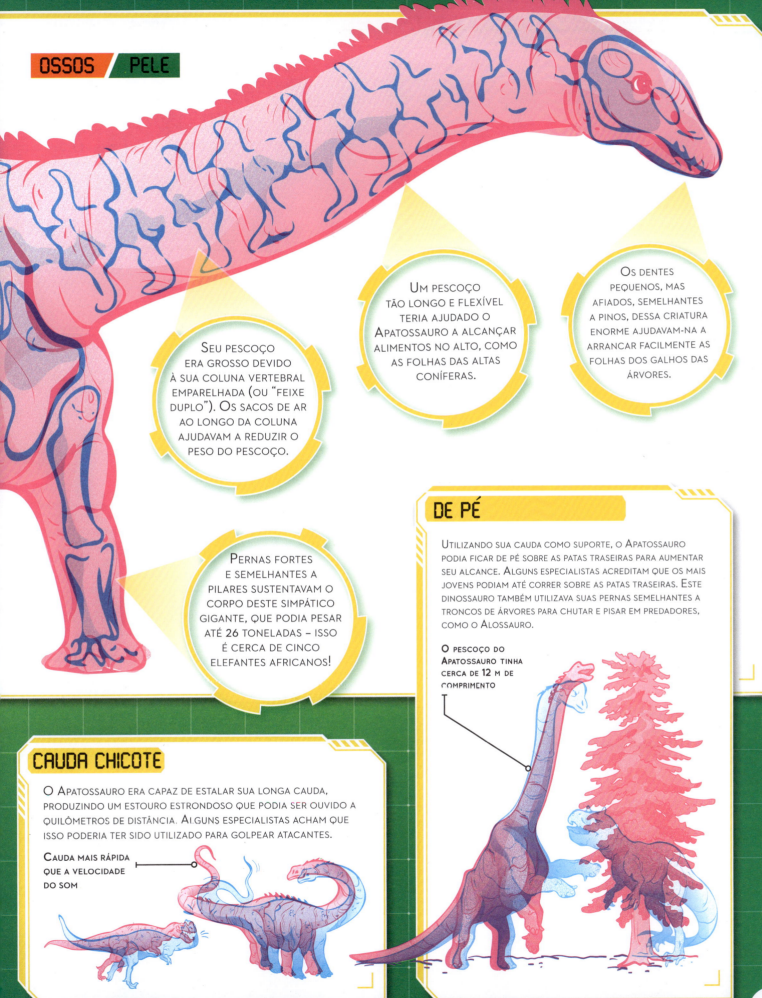

OSSOS / PELE

Seu pescoço era grosso devido à sua coluna vertebral emparelhada (ou "feixe duplo"). Os sacos de ar ao longo da coluna ajudavam a reduzir o peso do pescoço.

Um pescoço tão longo e flexível teria ajudado o Apatossauro a alcançar alimentos no alto, como as folhas das altas coníferas.

Os dentes pequenos, mas afiados, semelhantes a pinos, dessa criatura enorme ajudavam-na a arrancar facilmente as folhas dos galhos das árvores.

Pernas fortes e semelhantes a pilares sustentavam o corpo deste simpático gigante, que podia pesar até 26 toneladas – isso é cerca de cinco elefantes africanos!

DE PÉ

Utilizando sua cauda como suporte, o Apatossauro podia ficar de pé sobre as patas traseiras para aumentar seu alcance. Alguns especialistas acreditam que os mais jovens podiam até correr sobre as patas traseiras. Este dinossauro também utilizava suas pernas semelhantes a troncos de árvores para chutar e pisar em predadores, como o Alossauro.

O pescoço do Apatossauro tinha cerca de **12 m** de comprimento

CAUDA CHICOTE

O Apatossauro era capaz de estalar sua longa cauda, produzindo um estouro estrondoso que podia ser ouvido a quilômetros de distância. Alguns especialistas acham que isso poderia ter sido utilizado para golpear atacantes.

Cauda mais rápida que a velocidade do som

9

RÉPTEIS VOADORES

Muito antes dos pássaros ou morcegos, os Pterossauros dominavam os céus. Esses répteis voadores prosperaram ao lado dos dinossauros por 150 milhões de anos. Alguns não eram maiores que um pássaro pequeno, enquanto outros tinham uma envergadura de até 12 m, que é quase o mesmo comprimento de um tubarão-baleia!

REI DOS CÉUS

Cerca de 90 a 100 milhões de anos atrás, um réptil de cauda curta e pernas longas conhecido como Pteranodonte podia ser visto voando sobre os atuais EUA, Ásia, Europa e América do Sul. Eles viviam em grandes bandos, pairando sobre os oceanos enquanto procuravam peixes para pescar.

6 M DE ENVERGADURA

Três pequenos dedos com garras na dobra de cada asa eram muito pequenos para segurar comida, então eles provavelmente ajudavam Pteranodonte a andar.

PEQUENOS PREDADORES

Os morcegos de hoje são semelhantes ao pequeno Pterossauro Anurognathus, com asas leves, corpos peludos e dentes afiados para mastigar insetos. Este Pterossauro, no entanto, tinha olhos grandes adaptados para enxergar claramente à noite, enquanto os morcegos navegam à noite utilizando ondas sonoras que refletem nos objetos, conhecida como ecolocalização.

Asas leves

50 cm de envergadura

Corpos peludos

Esta criatura tinha um corpo peludo, como a maioria dos Pterossauros. Isso teria sido importante para mantê-los aquecidos e regular a temperatura corporal.

OSSOS / PELE

A crista na parte de trás do crânio pode ter ajudado o Pteranodonte a se orientar no voo, atrair um companheiro ou até mesmo identificar outros pterossauros.

Sua envergadura era de 7 m – cerca de metade do comprimento de uma rede de tênis. Ao contrário dos pássaros emplumados de hoje, as asas do Pteranodonte eram principalmente pele e músculos.

Apesar de seu tamanho, o Pteranodonte pesava apenas cerca de 11 kg – quase o mesmo que os maiores pássaros voadores de hoje. Isso se devia a seus ossos ocos e leves.

À medida que este réptil voador se aproximava da superfície do oceano, seu bico longo e desdentado conseguia apanhar peixes de forma rápida e eficaz, muito parecido com as aves marinhas de hoje em dia.

GIGANTES VOADORES

16 m de envergadura

Com 6 m, o Quetzalcoatlus era tão alto quanto uma girafa

1,80 m Humano

Quetzalcoatlus foi uma das maiores criaturas voadoras. Com uma envergadura de avião de combate, ele utilizava seu torso musculoso para se lançar no ar, precisando apenas de algumas batidas de asas para decolar. Ele percorria distâncias incríveis em busca de presas como pequenos dinossauros, que abocanhava em seu bico desdentado.

MONTROS MARINHOS

Nos dias atuais, criaturas como o grande tubarão-branco e a baleia-azul governam os oceanos, mas durante a "Era dos Dinossauros", a água era dominada por enormes répteis marinhos. Milhões de anos depois, um terrível e gigantesco tubarão vagou pelos mares pré-históricos.

OSSOS / PELE

MOSASSAURO

Entre 75 e 69 milhões de anos atrás, um grupo de répteis marinhos chamados mosassauros eram os principais predadores do oceano. Alcançando 15 m de comprimento, esses excelentes nadadores com pés de pato comiam de tudo e qualquer coisa, até mesmo de sua própria espécie.

DIMENSÃO ASSUSTADORA!

Utilize suas lentes para ver como um mergulhador se compara ao maior predador do oceano dos dias atuais, o grande tubarão-branco, que pode crescer até 6 m de comprimento.

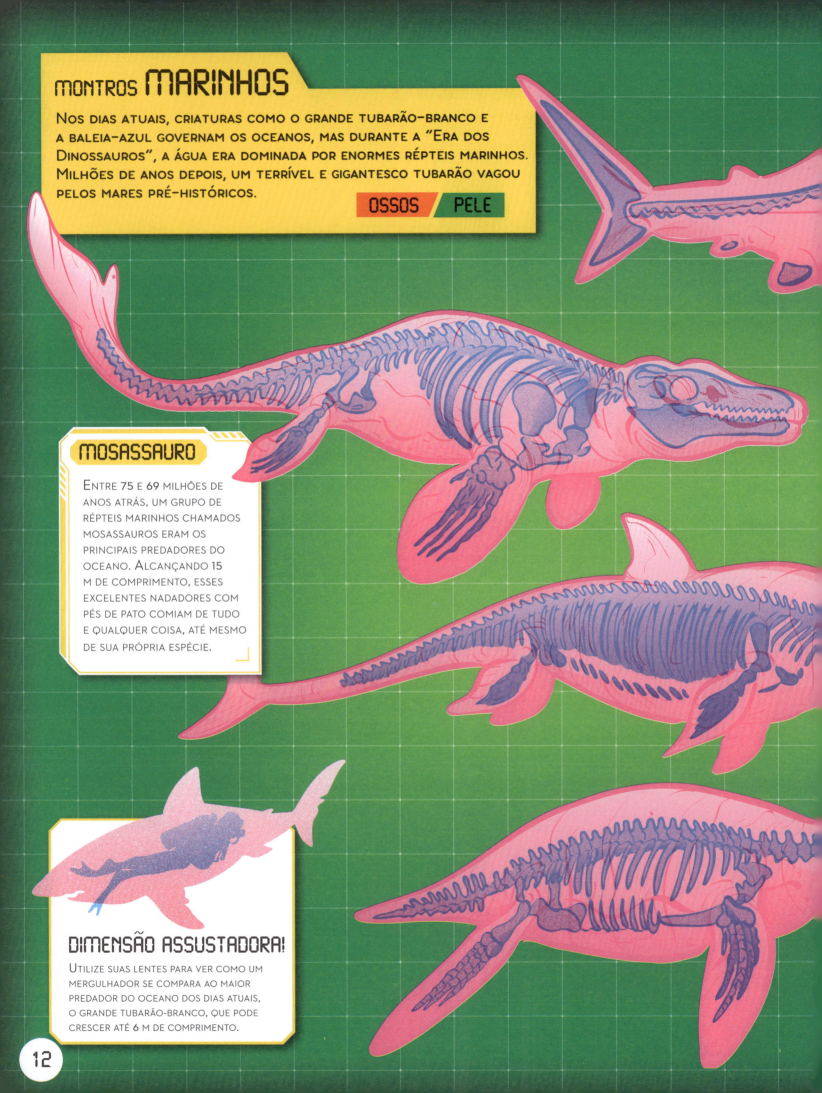

12

O QUE ELES COMIAM?

Minúsculos trilobitas, uma espécie extinta relacionada às aranhas, foram algumas das primeiras presas de muitos animais marinhos pré-históricos. Moluscos, incluindo amonites, que cresciam em uma forma incomum de nó, eram fontes populares de alimento, assim como belemnites (que se pareciam com lulas). Bivalves gigantes, como mexilhões, eram populares entre os predadores, assim como muitos peixes, como o celacanto, que ainda existe hoje em dia.

| AMONITES | MEXILHÕES |

| CELACANTO | TRILOBITAS |

MEGALODONTE

Entre 17 e 3 milhões de anos atrás, o feroz Megalodonte cruzava os mares, mastigando golfinhos e baleias. Um adulto tinha 18 m de comprimento, três vezes mais do que um grande tubarão-branco.

ICTIOSSAURO

Parecendo mais com golfinhos, os Ictiossauros viveram durante todo o período dos dinossauros. Eles podiam crescer até 25 m de comprimento e utilizavam seus 200 dentes em forma de cone para comer peixes e lulas.

PLIOSSAURO

Com seus membros semelhantes a um remo, os Pliossauros de 15 m de comprimento nadavam um pouco como os pinguins. Vivendo entre 220 e 70 milhões de anos atrás, esse grupo de répteis marinhos tinha dentes afiados como facas, perfeitos para rasgar suas presas.

ARCHELON

De 80 a 66 milhões de anos atrás, uma tartaruga-marinha gigante conhecida como Archelon nadava pelos oceanos caçando águas-vivas e crustáceos. Elas cresciam até 4 m de comprimento – mais do que o dobro do comprimento da maior tartaruga dos dias atuais, a tartaruga-de-couro.

Bebês Dinossauros

Como a maioria dos répteis de hoje, os dinossauros botavam ovos. Os maiores ovos foram postos pelos maiores dinossauros, os saurópodes. Alguns dinossauros podem ter cuidado de seus filhotes por algum tempo após a eclosão dos ovos, enquanto outros filhotes eram deixados para se defenderem sozinhos.

Oviraptor

Este dinossauro parecido com um papagaio botava dois ovos de cada vez em uma ninhada de 30 ou mais. A mãe organizava os ovos em círculo e os enterrava até eclodirem.

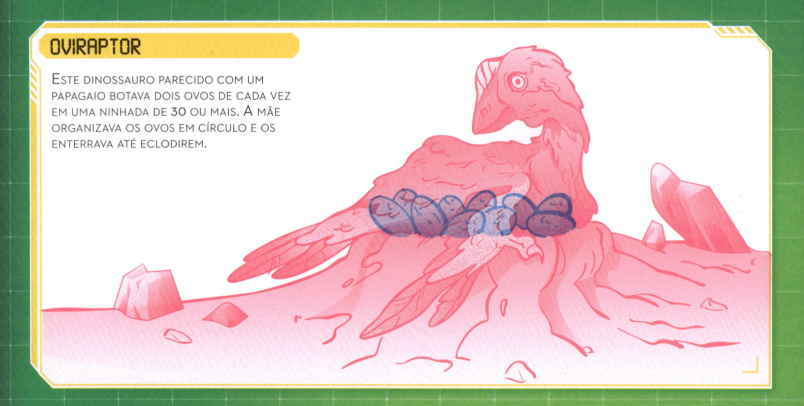

Maiasaura

A Maiasaura forrava seu ninho com vegetação apodrecida para manter seus ovos aquecidos. Evidências fósseis sugerem que esse grande dinossauro cuidava de seus filhotes por vários meses após a eclosão, já que os pequeninos eram muito vulneráveis a predadores famintos.

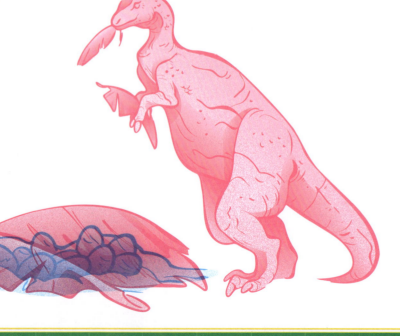

SAURÓPODES

Especialistas localizaram colônias de nidificação onde os saurópodes teriam colocado ovos para mantê-los aquecidos, mas é improvável que os pais tenham permanecido por perto depois de eclodirem.

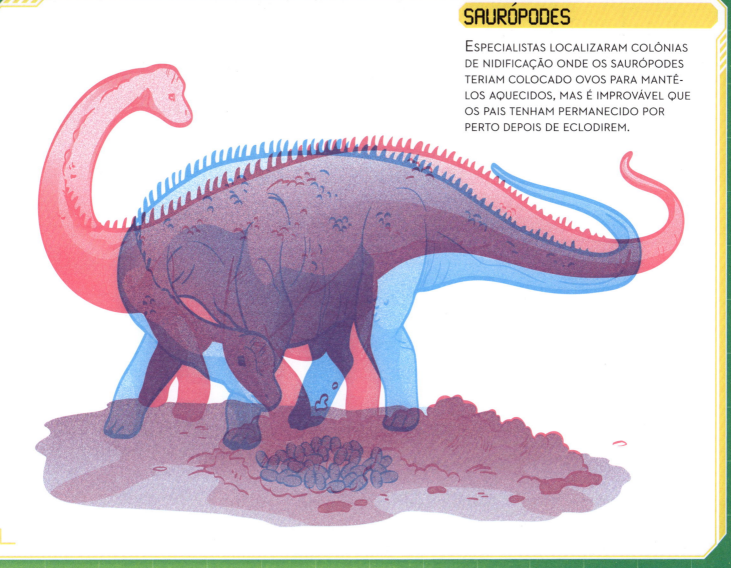

T. REX

O mais temível de todos os predadores, o T. Rex utilizava seu grande focinho para recolher cuidadosamente os frágeis ovos e filhotes pequenos, mantendo-os protegidos e aquecidos. Os crocodilos fazem algo semelhante atualmente.

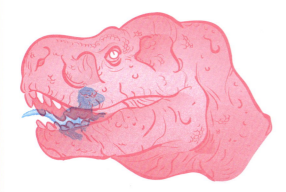

DENTRO DOS OVOS

Como os pássaros, os embriões de dinossauros teriam se alimentado da gema dentro do ovo.
Um ovo, que pode ter até 30 cm de comprimento dependendo do dinossauro, podia levar de três a seis meses para eclodir.

O FIM DOS DINOSSAUROS

Dinossauros, pterossauros e grandes répteis marinhos não conseguiram sobreviver ao impacto de um enorme asteroide que colidiu com a Terra há 66 milhões de anos. Este evento de extinção em massa eliminou cerca de três quartos de todos os animais terrestres e plantas.

O ASTEROIDE

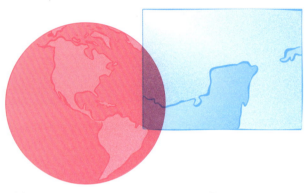

Um asteroide maciço atingiu a Península de Yucatán, no México. O local onde ele pousou é chamado de cratera Chicxulub.

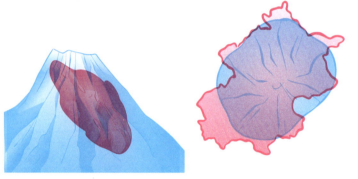

Batendo na Terra com a força de um milhão de bombas atômicas, este asteroide tinha cerca de 10 km de largura – aproximadamente o mesmo tamanho da maior montanha do mundo, o Monte Everest.

EFEITO DO IMPACTO

Após o impacto, uma enorme nuvem de pedras quentes foi lançada ao céu antes de chover sobre os animais abaixo. Eventualmente, a poeira se instalou em todo o mundo e escureceu os céus, bloqueando a luz solar e resfriando o planeta. As plantas morreram e os herbívoros morreram de fome, o que significava que os carnívoros também não tiveram mais nada para comer.

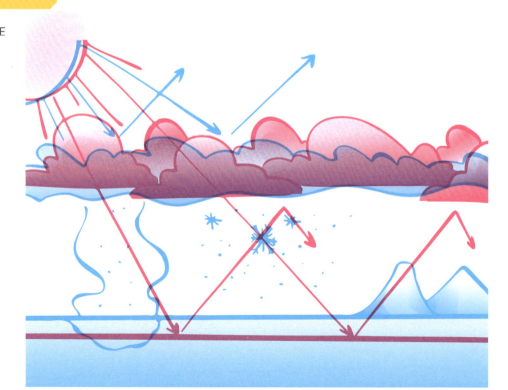

TERRA E CÉUS

Dinossauros e pterossauros não tiveram chance contra os destroços, incêndios e terremotos.
Mas os pássaros, que são descendentes diretos de pequenos terópodes semelhantes a pássaros, prosperaram, possivelmente devido ao seu tamanho pequeno e capacidade de voar.
Muitos mamíferos também sobreviveram escondendo-se em tocas e usando seus pelos para se aquecer.

OCEANOS

O asteroide causou a extinção de muitos gigantes oceânicos, como os ictiossauros, mas, no geral, a vida marinha – tanto nos oceanos quanto nos lagos de água doce – se saiu muito melhor do que os animais terrestres.
Tubarões, tartarugas e crocodilos, juntamente com mamíferos marinhos como baleias e golfinhos, conseguiram sobreviver e evoluir.

FÓSSEIS

Nas condições certas (e com tempo suficiente), um ser vivo pode se transformar em um fóssil, que é a evidência física preservada de uma planta ou animal. Os paleontólogos confiam nos fósseis para aprender mais sobre os tempos pré-históricos, afinal, naquela época não havia câmeras!

COMO OS FÓSSEIS SE FORMAM

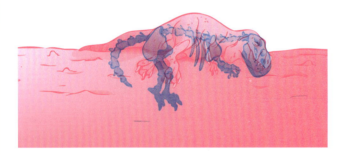

Depois que um dinossauro morria, sua carne podia ser comida por animais famintos e outros dinossauros. Caso contrário, sua carne se decompor-se-ia naturalmente e o esqueleto restante afundaria em uma camada de lama, onde ficaria enterrado.

Mais lama, areia, cinzas vulcânicas e lava se acumulavam em camadas espessas no topo do esqueleto. Durante esse tempo, o esqueleto ficava cada vez mais espremido e achatado na lama, muitas vezes esmagando algumas partes dele.

Ao longo de milhões de anos, essas camadas pesadas se transformaram em rochas sedimentares duras em um processo conhecido como litificação. Enquanto isso acontecia, a água penetrava no esqueleto e deixava para trás minerais que transformavam os ossos em pedra, criando um fóssil.

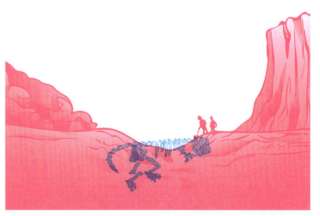

O planeta mudou dramaticamente desde os dinossauros e, em muitos lugares, a Terra se moveu para cima (isso é chamado de "elevação"). À medida que o vento, a água e o gelo desgastam lentamente a rocha outrora submersa, o esqueleto fossilizado escondido por milhões de anos agora pode ser encontrado.

TIPOS DE FÓSSEIS

FÓSSEIS CORPORAIS

Fósseis corporais são os contornos mineralizados de ossos, penas, pele, cascas de ovos e partes de plantas, como galhos ou caules. Eles podem ser pequenos como o dente de um tubarão ou grandes como o crânio de um dinossauro. Eles são o tipo mais comum de fóssil.

COPRÓLITOS

Coprólitos são cocôs pré-históricos. São vestígios fósseis, o que significa que não pertencem ao corpo do animal. Resíduos fossilizados não apenas nos ensinam o que um animal comeu, mas também ajudam a explicar que outros animais e plantas existiram ao mesmo tempo.

CONCHAS

O processo de decomposição (quebra) começa logo após a morte de uma criatura marinha com uma concha (como uma amonites). À medida que o tecido mole do animal se decompõe, a casca dura fica enterrada no fundo do mar, deixando grande parte dela muito bem preservada.

PLANTAS

Quando os materiais que compõem uma árvore antiga são substituídos por minerais, como o cálcio, a árvore fica petrificada (transforma-se em pedra). Outras plantas, como samambaias, também podem se transformar em fósseis quando minerais dissolvidos preenchem o espaço dentro de suas células.

DINOSSAUROS HOJE

A última extinção em massa ocorreu há 66 milhões de anos e matou a maioria dos animais da Terra, mas muitos dinossauros semelhantes a pássaros sobreviveram. Esses terópodes – que incluem o cruel Velociraptor – são de fato ancestrais dos pássaros modernos e compartilham muitas características, como excelente visão e penas.

DESCENDENTES DE DINOSSAUROS

Como seus ancestrais terópodes, os pássaros modernos têm uma visão incrível. Os enormes olhos de um avestruz significam que ele consegue ver um objeto em movimento até 3 km de distância.

A maneira como os pássaros modernos se posicionam e andam é herdada dos terópodes, incluindo como eles ficam eretos sobre duas pernas, como se agacham e seu equilíbrio geral.

Os pássaros modernos têm penas para se aquecer, impermeabilizar e exibir. A maioria dos pássaros também utiliza penas para voar, mas os avestruzes não podem fazer isso.

A maioria dos dinossauros botava ovos com casca dura, assim como os pássaros modernos. Os dinossauros também faziam ninhos para proteger seus ovos e mantê-los aquecidos, como fazem os pássaros de hoje.

A maioria dos pássaros pode voar, mas as asas de um avestruz são muito pequenas para erguer seu corpo grande do chão. Alguns dinossauros semelhantes a pássaros podiam voar, mas os céus antigos eram governados por pterossauros.

20

ASAS E PENAS

Os dinossauros desenvolveram asas há mais de 150 milhões de anos, no início de sua evolução. Com o tempo, pequenos terópodes, como o Microraptor, utilizaram suas asas e penas para voar, como os pássaros de hoje. Os pássaros modernos utilizam seus músculos fortes do peito e a parte externa de suas asas, chamadas rêmiges, para decolar e permanecer no ar.

A maioria dos dinossauros parecidos com pássaros tinha dentes, mas os pássaros de hoje não. Isso pode ser porque eles evoluíram para ter bicos e comer uma dieta diferente com frutos secos e sementes.

Quer um dinossauro pudesse voar ou não, as penas eram uma cobertura incrivelmente útil utilizada para se manter aquecido e possivelmente como uma exibição elaborada para atrair parceiros.

Alguns dinossauros voadores utilizavam suas caudas para se equilibrar ao caminhar e podem ter tido cores ou padrões diferentes. Os pássaros de hoje também têm caudas, mas geralmente não tão longas.

Os terópodes tinham três dedos com garras longas e afiadas, perfeitas para atacar suas presas. Algumas das aves de hoje, incluindo os avestruzes, têm pés semelhantes.

21

ÍNDICE

Alossauro 6
amonites 13, 19
Anquilossauro 6
Anurognathus 11
Apatossauro 8-9
Archelon 13
armaduras 6
asas 10-11, 20, 21
asteroide 16-17
folhos 7
bebês 14-15
caçadores em bandos 4
carnívoros 2
caudas 4, 6, 9
Ceratopsianos 7
chifres 7
cocô 19
coprólitos 19
crânios 7
defesas 6-7
dentes 4, 9
espinhos 6
Espinossauro 5
Estegossauro 6
Euoplocéfalo 6
evolução 17, 20-21
extinção 16-17
fósseis vegetais 19
fósseis 18-19
herbívoros 2
ictiossauros 13, 17
Maiasaura 14
Megalodonte 13
mosassauros 12
ninhos 14-15
Oviraptor 14
ovos 14-15, 20
Paquicefalossauro 7
pássaros 17, 20-21
penas 21

Período Cretáceo 3
Período Jurássico 3
Período Triássico 2
pernas 2
pescoços 9

pliossauros 13
Postosuchus 5
Pteranodonte 10-11
pterossauros 10-11
Quetzalcoatlus 11
répteis marinhos 12-13, 17
répteis voadores 10-11
saurópodes 8-9, 15
T. rex 4-5, 15
terópodes 4-5, 20-21
Tricerátopo 7
trilobitas 13
Velociraptor 20-21